Little People, BIG DREAMS™

HANS CHRISTIAN ANDERSEN

en español

Escrito por
Maria Isabel Sánchez Vegara

Ilustrado por
Maxine Lee-Mackie

Traducido por
Ana Galán

Frances Lincoln
Children's Books

El pequeño Hans nació en un pueblecito del Reino de Dinamarca. Su familia era muy pobre y apenas podía permitirse un techo sobre su cabeza. Pero tenían una joya preciosa que guardaban con cariño en la alacena: un libro.

Alfombras voladoras, princesas árabes, genios que salían de lámparas… Todas las noches, Hans escuchaba los cuentos que le leía su padre y cuando se quedaba dormido, soñaba que era el héroe de aquellas maravillosas historias.

Hans deseaba aprender a leer y, durante un tiempo, fue a la escuela. Pero cuando su padre murió, tuvo que abandonar su sueño y ponerse a trabajar de aprendiz en un telar. No era la vida emocionante que había imaginado...

Aun así, Hans encontraba tiempo para perderse por las calles en busca de titiriteros. ¡Verlos era su mayor alegría!

Hans memorizaba cada palabra y cada gesto y después,
los repetía para su único público: su mamá.

Dispuesto a ganarse la vida como artista, Hans se mudó a Copenhague, la gran ciudad, y se unió al Teatro Real Danés.

Hans lo intentó todo: actuar, cantar, bailar...
pero solo consiguió un papel de troll.

Mientras esperaba en su pequeña habitación a que alguien le ofreciera otro papel, Hans se dedicaba a escribir. Un día, le mostró una de sus historias al director del teatro. Estaba llena de faltas de ortografía, pero al director le encantó.

Hans no ganó dinero con esa primera historia, sino algo mejor: la oportunidad de regresar a la escuela y aprender a escribir correctamente en danés. Y aunque era el mayor de su clase, sabía que nunca era demasiado tarde para aprender.

Tras graduarse, Hans escribía todo lo que le venía a la cabeza: desde un poema triste sobre una vela que no se sentía amada a los fantásticos diarios de viaje de un hombre que incluso había conocido a gatos parlantes.

Hans se ganaba la vida como escritor cuando conoció
a una joven encantadora llamada Riborg. Se enamoró
profundamente de ella y cuando estaba a punto de decírselo,
recibió una triste noticia: Riborg se iba a casar con otro.

En vez de esconder sus sentimientos, Hans decidió plasmarlos sobre el papel y escribió algunos de los cuentos de hadas más hermosos. Contaban historias de sirenas que se enamoraban de príncipes y patitos que soñaban con convertirse en cisnes.

Sus cuentos se hicieron tan famosos que los leían niños de toda Europa. Pero no solo eran los cuentos favoritos de más pequeños, ¡a los adultos también les encantaban! Sus lectores guardaban los libros de Hans como si fueran tesoros, igual que lo había hecho él antes.

Sus historias siguen vivas hoy, no solo en los libros sino también en obras de teatro, ballets y películas. Pero, para Hans, el mayor honor es que cada dos de abril, el día de su cumpleaños, los niños de todo el mundo celebran el Día del Libro Infantil.

Y expresando sus sentimientos y dejando volar su imaginación,
el pequeño Hans consiguió lo que tanto deseaba: ser querido.
No solo por una persona, sino por generaciones enteras de
niños que saben que hay un cisne dentro de cada uno de nosotros.

HANS CHRISTIAN ANDERSEN

(Nació 1805 • Murió 1875)

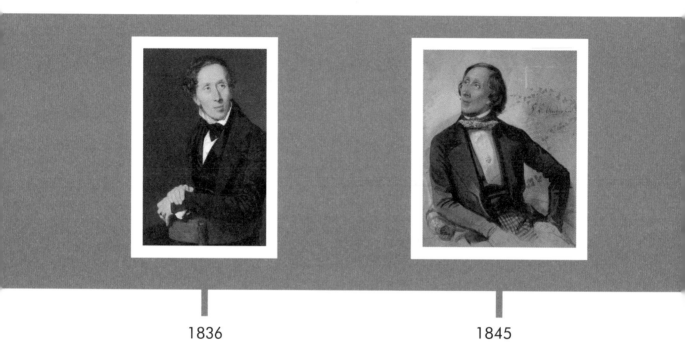

1836   1845

Hans Christian Andersen nació en Odense, Dinamarca, en 1805. Su familia no tenía mucho dinero, pero sus padres siempre apoyaron sus intereses. En su casa, Hans representaba todos los papeles que veía en el teatro donde trabajaba su madre. Estaba claro que tenía una imaginación única y brillante. A pesar de las dificultades familiares, decidió convertirse en actor de teatro. Así que, un día, se metió de polizón en un carruaje del correo para ir a Copenhague, la capital de Dinamarca. Allí tomó lecciones de interpretación, pero descubrió que su verdadera pasión era escribir. Después de luchar durante años, Hans consiguió publicar su primera colección de cuentos de hadas, y entonces sucedió algo mágico. La gente que leía sus cuentos sentía como si alguien los estuviera leyendo en voz alta al lado de la chimenea. Las historias de Hans eran nuevas pero familiares, divertidas y

1865

c. 1869

tristes, y trataban sobre cosas ordinarias y fantásticas. "El patito feo", "La sirenita" y "La princesa y el guisante", a los niños y a los adultos les encantaban estos cuentos y muchos más. Hans sabía que los mejores libros infantiles nunca subestiman a los niños. Como habían hecho sus padres, Hans usó los cuentos de hadas para explorar ideas con las que los niños podrían no estar familiarizados, pero siempre de manera que pudieran sentirse identificados. Para Hans, los cuentos de hadas eran "poesía universal": cualquiera podía amarlos sin importar su origen. Y tenía razón. Sus cuentos han sido traducidos a 125 idiomas y han inspirado innumerables obras de teatro y películas. Hoy en día, con cada generación surgen nuevos lectores de sus libros, lo que demuestra que aunque todos los cuentos tengan un final, la imaginación dura para siempre.

¿Quieres aprender más sobre **Hans Christian Andersen**?

Aquí tienes este libro:

Cuentos de Andersen por Hans Christian Andersen

Rebosante de inspiración creativa, proyectos prácticos e información útil para enriquecer su vida cotidiana, quarto.com es el destino favorito de quienes que persiguen sus intereses y pasiones.

Publicado por primera vez en Inglés en EE. UU. en 2021 por Frances Lincoln Children's Books,

Publicado por primera vez en Español en EE. UU. en 2023 por Frances Lincoln Children's Books,

un sello editorial de The Quarto Group. 100 Cummings Center, Suite 265D, Beverly, MA 01915, EE. UU.

T +1 978-282-9590 **www.Quarto.com**

ISBN: 978-0-7112-8478-4

Tipografía Futura BT.

Publicado por Katie Cotton • Diseñado por Karissa Santos
Editado por Katy Flint y Alex Hithersay
Producción de Nikki Ingram

Impreso in Guangdong, China CC122022

1 3 5 7 9 8 6 4 2

Créditos fotográficos (páginas 28-29, de izquierda a derecha) 1. HANS CHRISTIAN ANDERSEN (1805-1875) Escritor y poeta danés pintado por Christian Jensen en 1836 © Pictorial Press Ltd / Alamy Stock Photo 2. Hans Christian Andersen, 1845. Artista: Hartmann, Carl (1818-1857) © Foto de Fine Art Images/Heritage Images/Getty Images 3. Hans Christian Andersen en 1865 © Photo de Culture Club/Getty Images 4. Hans Christian Andersen (1805 – 1875) Autor danés © GL Archive / Alamy Stock Photo.

También disponible en tapa blanda en español:

FRIDA KAHLO

COCO CHANEL

MAYA ANGELOU

AMELIA EARHART

AGATHA CHRISTIE

MARIE CURIE

ROSA PARKS

TERESA DE CALCUTA

JANE GOODALL

ZAHA HADID

MARTIN L. KING JR.

GRETA THUNBERG

CORAZON AQUINO

PELÉ

HANS C. ANDERSEN

MARY ANNING

MICHELLE OBAMA

RUTH B. GINSBURG

KAMALA HARRIS
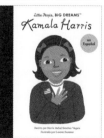

PABLO PICASSO

Gama completa de libros en inglés también disponible en tapa dura y tapa blanda.